여성해방 · 민족해방의 목소리, **임순득**

김인경

목차
Contents

1 여류작가 재인식론

최근 여성작가들의 활동이 두드러지고 있다. 얼마 전 표절 시비가 있었으나 그 이전까지 가장 활발한 활동을 한 신경숙을 시작으로, 영화로도 제작되는 소설들을 종종 발표했던 공지영, 아동 청소년 등을 대상으로 문학계의 새로운 바람을 일으킨 구병모까지 다양한 작가들의 활동이 이어지고 있다. 이외에도 젊은 여성작가들이 여전히 신춘문예나 문예지를 통해 등단을 하고 활발하게 활동을 하고 있다.

이러한 시대에 이들을 바라보고, 이들에 대한 작품을 분석하고 평가해줄 평론가들은 누구인지 생각해 본다. 수많은 남성평론가들의 이름과 얼굴은 떠오르지만 여성평론가는 딱히 떠오르는 사람이 없다. 아마 그 이유는 아직도 우리 문학계에는 남성평론가들이 대부분 활동을 하고 있기 때문일 것이다. 물론 간혹 여성평론가들이 활동을 하기는 하나, 문학계를 주도하거나 문학잡지를 이끌어가는 것은 여전히 남성평론가들인 것이다.

왜, 지금 시대에도 여성평론가들의 활동은 미비하고 여전히 남성평론가들로 문학계가 이루어지는 불균형이 일어나는 것일까.

이 책에서는 지금까지도 여전히 여성평론가의 활동이 미비한 문학계에서 1930년대에 여성작가로서, 여성 최초의 평론가로서 활동을 했던 '임순득'에게 주목을 하고자 한다. 그녀는 지금 시대보다 더 남성중심적이고 권위가 강했던 식민지 시대에 여성평론가로서 그 면모를 나타낸 사람이다. 특히 남성이나 여성 중심이라는 어느 한쪽의 편협한 시각이 아니라, 보편적 인간의 시각으로 여성작가들의 작품과 그 행적을 바라보고자 했다. 결코 여성이라는 틀에 갇히지 않고 여성과 민족해방을 통해 당시 식민지를 살아가고 있는 많은 사람들의 보편적 해방의 욕구를 과감히 보여준 것이다. 이것은 우리 시대의 여성해방 그리고 이를 바탕으로 한 민족해방의 목소리로 인간이 갖고 있는 자유 의식을 강조한 것이라 하겠다.

이제부터 임순득, 그녀의 삶과 사상 그리고 작가와 평론가로서의 활동과 실천 등에 대해서 한 걸음씩 다가가 보도록 하겠다.

임순득은 여성작가이면서 여성 최초의 평론가로서 1930년대 후반 우리 문단을 누구보다 객관적으로 바라보고자 한 사람이다. 임순득이 추구했던 삶과 진정한 문학인의 자세는 여성이 문학 활동을 하면서 누려야 할 인간으로서의 가치와 진리가 무엇인지 얘기하고 있다. 어깨를 펴고 당당하고 자유롭게 하나의 일관된 세계관을 가지고 문학 활동을 해야 된다는 엄연한 사실을 말하고 있는 것이다. 그래서 임순득의 개성적 글쓰기는 평론뿐만 아니라 그녀의 소설 속에서도 동일한 의식을 보인다. 그것은 임순득이 현실문단을 바라보고 있는 세계이며, 임순득이 느끼는 민족과 여성의 현실이라 할 것이다.

여성문학사에서 대표적인 여성작가로는 1920년대 후반에 활동한 김명순, 김일엽, 나혜석 등을 제1기로, 1930년대에 활동한 박화성, 강경애, 최정희, 백신애 등을 제2기로 보고 있다. 그리고 지하련, 임옥인 등은 제3기로서 임순득은 이 당시에 활동을 한 작가이다.

그동안 여성문학은 나혜석, 최정희, 박화성, 강경애 등을 중심적으로 언급되었다. 나혜석은 여성도 남성과 같은 인간임을 주장했으나, 개인적으로 이것을 논리화하지 못하는 한계점을 드러냈다. 최정희는 '모성'과 '여성성'을 바탕으로 여성의 주체성을 강조했으나, 식민주의에 협력하는 소설과 논설들을 다수 발표했다. 박화성은 프롤레타리아 문학의 동반자 작가로서 여성도 남성과 동등하게 활동할 수 있기 위한 계급사상을 선택하여 작품화하였다. 강경애의 경우에는 식민지 현실에 대한 남다른 인식을 바탕으로 궁핍의 소재를 통해 자신의 현실인식을 과감하게 드러내기도 했다. 이처럼 강경애, 박화성에 와서야 여성문학은 여성자각의 해방 차원으로 폭넓어졌지만, 여성작가로서 한계점을 보인다는 평가에서는 여전히 자유로울 수가 없었다. 프로문학 진영에 있는 몇몇 남성비평가들은 인습적인 '여성성'을 그대로 적용시켜서 여

임순득의 「『인간문제』를 읽고」 평론이 실린 『문학예술』의 표지

성문학을 평가했기 때문이다.

이러한 여성문학의 경향에서 임순득은 계급문제를 포괄하는 민족해방의 문제와 여성해방의 문제를 하나의 통합된 과제로 제기했다. 이것은 민족해방운동인 학생운동과 혁명적 노동운동에 참여한 임순득의 개인적 경험이 바탕이 된 것이다. 그래서 임순득의 작품은 이전 여성작가들과는 다른 면모를 보인다. 국가나 민족 등의 공공 영역에서 여성의 참여와 의무를 주장하고 행사하며, 자아해방과 사회해방을 함께 추구했다. 또한 여성문학이 여류문학으로 한정지어 문단에서 환영받지 못할 때, 여성작가에 대한 편협한 시각을 지적하고 이에 대한 사회적 요인을 정면으로 제기한 평론가로도 활동을 했다. 해방 이후에는 월북을 했지만, 지속적으로 창작활동을 하여 일제 하의 여성문학과 북한의 여성문학을 이어주는 역할을 하기도 했다.

이렇듯 임순득은 우리 근대문학사에서 여성평론가, 여성소설가로 활동을 한 의미가 있는 사람임에도 불구하고 그에 관한 자료는 아쉽게도 그다지 남아 있지가 않다. 당시 많은 여성문인들이 신문, 잡지의 기자 활동을 하거나 수필, 문단 소식 등을 통해 개인적인 자료를 접할 수 있었지만, 임순득은 그러한 기회를 거의 갖지 않았기 때문이다. 또한 1930년대 후반에는 일제의 군국주의로 대부분의 신문, 잡지가 폐

간되기도 했다. 여성문학에 대한 관심이 문단 안에서 그다지 큰 비중이 아니었던 점도 임순득에 관한 자료가 미비한 한 이유이기도 하다.[1]

이러한 이유로 임순득에 관한 연구 역시도 많이 진행되어 있지가 않다. 임순득을 여성비평가로서 부분적으로 논의한 경우와 임순득이 쓴 30년대 후반의 비평문을 중심으로 한국 최초의 여성평론가로서의 일면을 다룬 경우가 있다. 또한 북한문학의 재발견으로서 「딸과 어머니와」에 대한 소개와 함께 북한의 여성문학자로 주목을 하고 있다. 이후에는 임순득과 관련한 여러 평문들이 나오고 있고, 최근에는 임순득이 일본어로 쓴 소설들과 가족 환경, 지적 배경들을 알 수 있는 자료들에 대한 연구가 진행되었다. 이 외에 임순득에 관한 연구는 대부분 비평가로서의 면모를 중심으로 여성문학사의 한 부분으로 언급되고 있었다.

이와 같은 연구들은 임순득이 쓴 소설의 한 두 작품에 치중되어 있거나, 평문을 중심으로 언급된 경우가 많아서 소설가로서의 면모에 대한 연구의 필요성을 제기한다. 평문과 함께 소설 창작에 대한 논의가 함께 되어야 임순득의 문학세계를 다양하게 조명해 볼 수 있으며, 이를 통해 여성문학의 지향점을 보다 폭넓게 모색해 볼 수 있기 때문이다.

여성문학론의 과제는 여성이 쓴 작품이 전체 사회의 현실을 그리는 가운데 여성의 현실적 위치를 제대로 나타낼 수 있어야 한다. 더 나아가 여성문제를 극복하기 위한 올바른 전망을 제기하고 있는가를 살펴 보아야 한다. 그만큼 여성문학론은 여성에 대한 객관적인 현실 인식과 역사관에 입각한 올바른 '여성해방의 시각'이 전제되어 한다. 또한 민족·민중 현실의 총체적인 모순구조 속에서 특수한 형태로 내재되어 있는 여성의 문제를 파악해야 한다. 더 나아가 이를 바탕으로 여성문학의 올바른 방향을 제시하고 있는가를 분석하고 비판하는 것이 필요하다.

그 이유는 임순득이 활동했던 당시의 사회 현실은 우리 민족이 처한 현실과 긴밀한 연관관계가 있기 때문이다. 여성운동은 근대와의 접합으로 생성된 민족이라는 무의식과 깊은 관련을 맺으며 발전되어 왔다.[2] 그런 의미에서 여성운동은 민족해방운동과 관련하여 짚어 보는 것이 필요할 것이다. 특히 임순득의 주체의식의 확립 과정은 여성문학과 여성운동의 관련성을 통해서 여성문학의 지향점을 모색해 볼 수 있게 한다.

본 글에서는 임순득이 해방 전에 썼던 평문과 소설, 그리고 해방 이후에 쓴 소설을 주요 대상으로 선택하였다. 특히 소설들을 중심으로 임순득의 문학세계를 살펴보면서 평문과의 연계성을 구체적으로 접목시켜 보려고 한다. 이것은 임순득의 문학이 여성해방과 민족해방의 긴밀한 연결 관계 속에서 여성문학의 지향점을 폭넓게 모색한다는 것을 확인하게 할 것이다. 이로써 임순득이 우리 시대의 문학계는 물론 사회·문화적으로도 재조명되어야 하는 이유와 의미를 알 수 있을 것이다.

2 주체 의식의 형성 과정과 확립

임순득은 1916년 2월 전라북도 고창에서 태어났다. 아버지는 원산에서 한약방을 경영했기 때문에 경제적으로는 그다지 어려움이 없었다. 어린 시절 임순득은 4살 위인 오빠 임택재의 영향을 많이 받았는데, 임택재는 사상운동에 관계하면서 죽음을 맞이한다. 이런 모습은 임순득의 등단작 「일요일」에 잘 나타난다. 작품에서는 사상운동과 관련된 고초를 겪고 있는 사랑하는 사람의 모습이 등장하는데, 이것은 바로 그녀의 오빠의 삶을 그리고 있다고 할 것이다.

임순득은 고향에서 보통학교를 마친 뒤, 1930년경 서울로 와서 이화여자고등학교

임순득에 여러 영향을 미친 오빠 임택재

보통학교에 입학한다. 임순득이 시골에서 서울로 왔을 때, 학교에서는 1929년 11월 3일에 시작된 광주학생운동의 여파로 학생동맹휴학이 벌어지고 있었다. 또한 각종 농민운동·노동운동도 활발했다. 기숙사 생활을 하던 임순득은 1931년

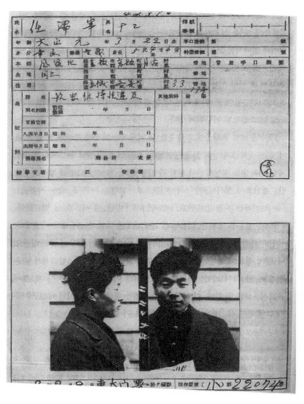

1933년 2월 검거 당시 임택재의 신상기록 카드

6월 25일 오전 8시 이화여고보 학생 2, 3, 4학년 백여 명이 벌이는 학생동맹휴학 사건에 조숙현과 함께 주동자로 지목되어 서대문 경찰서에 체포되었다.

그래서 임순득의 주체의식의 형성과 확립은 여고시절에서

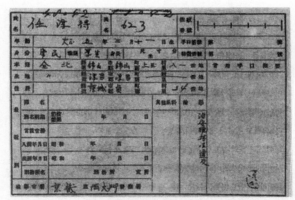

이화맹휴 주도자로 취조받을 때 임순득의 신상기록 카드

그 바탕을 찾아볼 수 있다. 특히 소파 방정환의 소년잡지 『어린이』[3]를 통해 세상을 보는 시각을 형성했는데, 일제는 이 잡지에 대해 철저한 검열을 했다. 하지만 이 검열은 학생들에게 이 잡지를 읽는다는 자부심과 함께 잡지의 내용을 토론하는 독서모임에 참가하는 적극적인 행동을 더욱 갖게 했다.

이것은 강경애, 박화성 등이 어린 시절에 고전 소설을 읽으며 성장한 것과 비교되는 부분으로써 임순득만의 문학적 세계관을 형성하는데 중요한 바탕이 된다. 또한 여고시절을 거쳐 사회주의 운동을 한 경험들은 다른 여성작가들보다 보다 더 자율적인 주체의식을 가진 여성상을 작품 속에서 제시하

1931년 『조선일보』에 실린 이화여고보 동맹 휴학 보도

는 바탕이 되어 준다. 여고시절에도 임순득은 어린 시절과 같이 책을 많이 읽었고, 매사에 적극적인 학생으로 학교의 교육방식과 사회문제에 대해 남다른 생각을 갖고 있었다.[4]

당시 학교 분위기는 1929년 말의 광주학생운동을 계기로 반일감정과 사회주의적인 정서가 높았다. 이 분위기는 1930년 1월부터 이화여고보를 비롯한 서울시내 여학교의 연합시위로 이어졌다. 임순득은 1학년 때부터 교내 데모 주동자로 나섰으며, 3학년이 되던 해 1931년 6월에는 이화 여고보의 동맹휴학을 주도하기도 했다. 이후 민족성이 강한 동덕여고보에 재입학을 하면서 사회주의 단체와 더욱 연결되어 여러 활동을 시작하게 된다.

특히 임순득에게 식민지 시대에 대한 체험과 사회주의 운동의 체험은 '주체'의 성립 과정에 중요한 역할을 한다. 임순득은 이것을 여성해방적 시각에서 여성문학을 평가하는 평문으로 나타냈다. 여성의 문제를 사회문제로 보편화 하여 진정한 인간해방이 될 수 있는 여성해방을 시도한 것이다. 즉, 여성의 입장에서 문학을 보는 것이 여성중심적인 것만이 아니라, 인간해방이라는 보다 총체적인 관점이라는 것이다.

1930년대 초반 대다수의 사회주의자들은 식민지하의 민족적 차별에서 출발했기 때문에 사상의 밑바탕에는 '민족주의' 의식을 강하게 갖고 있었다. 임순득은 오빠 임택재의 영향 외에도 동덕여고보에 재입학하여 만난 교사 이관술의 영향으로 자연스럽게 사회주의사상을 수용하며 여러 활동을 하게 된다. 이관술은 '동경고등사범'을 졸업한 직후 1929년 4월 동덕여고보에 부임하여 학생들의 인기와 선망을 받았다. 그는 학교 내에서 이순금, 박진홍, 이종희, 윤금자, 김길순 등과 함께 '독서회'를 조직하여 활동하였다. 임순득은 이관술이 교사로 재직한 동덕여보고에서 선배로 있는 이순금, 이경선과 함께 자연스럽게 지적 단련을 해 나갔다.

그 뒤 일본의 여고사에서 문학공부를 했고, 돌아와서는 1940년 프랑스 유학을 다녀온 시를 쓰던 장하인과 결혼을 했다. 남편은 소심하고 내성적인 성격의 소유자였다. 일제 시대 외국어를 없애는 상황으로 교직에서 쫓겨났으나, 미결감에서 독일어 사전을 외우다시피 하여 3-4개 국어를 익힌 사람이다.

결혼을 한 후에는 해방이 될 때까지 강원도의 고성군 회양군 경계의 은피골에서 살았다. 해방 후에는 남편이 원산의 여학교에서 작문 교사로 인정받은 어학 능력으로 소련군 장교의 주선을 받아 외무성으로 자리를 옮기면서 평양으로 이사를 했다.

임순득 역시도 영어와 간단한 불어 구사능력이 있었고, 뿌쉬긴 · 레르몬또브 · 고리끼 · 쏠로호브 등의 러시아 문학과

동덕여고보 재학중 임순득의 스승 이관술(왼쪽 세 번째)

예술을 좋아하였다. 또한 독일 미학과 문학도 접했으며 이관술이 이끄는 독서회에서 많은 책을 읽었다. 그녀는 평양으로 이사하면서 북조선 민주여성총동맹의 활동을 하였고, 그 기관지인 『조선여성』에 많은 글을 발표하였다. 이처럼 임순득의 일관되고 주체적인 지적 글쓰기의 배경은 오빠 임택재의 영향과 함께 그녀의 남다른 세계관과 폭넓은 독서량에서 나올 수 있었다.

이 당시 임순득은 1955년 조선여성사에서 『잊을 수 없는 사람들』이란 작품집을 내기도 했다. 이 책에 실린 작품들은 모두 '조·쏘친선'을 주제로 한 것이다. 이로 미루어 해방 후 임순득은 '조·쏘 문화협회'에도 관여를 했을 것으로 짐작

된다. 그래서인지 그녀의 작품 중에는 해방 후 북한에서 여성의 삶의 조건이 변화하는 양상과 여성들이 그 변화에 주체적으로 대응하면서 벌어지는 문제들을 다룬 것이 많다. 임순득은 일상과 생활의 영역을 면밀히 관찰하고 분석하였다. 방안에서, 거실에서, 밥상 앞에서 벌어지는 지극히 사소한 에피소드처럼 보이나 식민-탈식민의 과정 속에서 당대 사람들의 실상을 구체적으로 보여준 것이다. 또한 각기 다른 지식인들이 지닌 자의식과 욕망을 비교하고 대조하여 보여주면서 식민지의 잔영을 과감히 떨쳐내야 한다는 의식을 문학으로 실천하고자 했다. 그 이유는 여성작가라는 임순득의 존재 조건이 그런 문제들에 적극적으로 관심을 가지게 했기 때문이다. 거기에 더하여 당의 여성정책을 대중들에게 알린다는 여성운동가로서의 의식이 복합적으로 작용한 것이라 하겠다.

이와 같이 임순득의 성장 과정은 사회주의 여성작가로서의 '주체' 의식을 형성해 나가는 중요한 밑바탕을 이루게 했다.

3 전향의 시대, 자기발견의 서사 글쓰기

임순득의 소설쓰기는 사회주의 퇴조 이후에 본격적으로 시작되었다. 일찍이 두 번의 퇴학을 경험했고 오빠 임택재가 옥고를 치른 후 오랜 후유증을 앓는 등 일상 속에서 식민국가 권력의 폭력성을 체감하고 있던 그로서는 창작의 방법을 둘러싼 고민이 적지 않았을 법하다. 좀더 앞선 세대인 백신애, 송계월 등이 사회주의의 여성적 수용 문제를 다루며 등장했던 것과는 전혀 다른 조건 속에 놓여 있었던 것이다. 실제로 당시 문단에서는 전향 이후 어떻게 살아갈 것인가를 탐문하는 소설이 한 주류를 이루는 상황이었다.

임순득은 급격히 변화하는 세계질서에서 안일하게 감상에 빠져있는 여성들에게 자립적인 신여성들의 세계에 대한 모습을 보여주려고 했다. 이것은 '자기발견의 서사(The Self-discovery Narrative)'로서 여성문학의 정치적 성격과 미학적 성격을 변증법적으로 지향한 여성글쓰기의 대표적인 형태이다. 자기발견의 서사는 여성운동에 나타난 여성의 정체성이 변화하는 내용에 따라 형성되며,[5] 실제로 여성문학을 페미니즘적 내용에 따라 변화되고 형성될 수 있게 한다. 따라서 여성문학이 안고 있는 문제점을 넘어서 여성문학과 여류문학을 뚜렷이 구분하는 단서를 제공해 주고 있다. 또한 여성작가와 여류작가의 계보를 정리해 볼 수 있는 근거의 역할을 하기도 한다.

임순득은 1937년 『조선문학』 2월호에 「일요일」이라는 단편소설을 발표하는 것으로 문학 활동을 시작했다. 이후 1942년과 1943년에는 일본어로 작품을 발표하기는 했지만 식민지에서의 민족의 문제를 날카롭게 제기했다. 즉, 식민지 여성으로서의 정체성의 문제를 심도있게 고민하여 그것을 일제의 식민 통치에 대한 저항으로 연결시켰다. 지식인 여성이 저변에 갖고 있는 여성의식을 일깨워 여성의 예속적 지위와 그 사회적 원인을 찾으려 하였다. 이것은 여성과 민족, 계급 문제에 대한 문제의식을 제기한 것이라 하겠다.

이를 잘 보여주는 임순득의 작품 중에서 먼저 「일요일」이라는 작품을 보자. 이 작품에서 주인공 '혜영'은 신문사에 근무하는 직업여성으로 사상운동을 하는 남편과 의식을 같이 하는 지식인여성으로 등장한다. '혜영'의 모습에서는 작가 임순득의 지적이고 섬세한 예술적 취향이 자연스럽게 드러난다. 이것은 여성작가로서 갖추어야 할 의식 세계를 잘 보여준다. 또한 사물을 취사선택하는 시야를 넓게 갖게 하면서 현실에 대한 객관적인 거리를 가지게 한다. 임순득은 감각이나 체험뿐만 아니라 논리적으로 사물을 성찰하는 지성적인 여성작가로서의 면모를 갖고 있었던 것이다.

이 작품 속에서 혜영의 여학교 동창인 'M'과 'P'는 청량리로 산보를 가자며 혜영을 찾아온다. 그 중에서 'M'은 혜영이 옥살이하는 남편의 옷을 직접 빨래하는 것에 대해 "그까짓 건 세탁쟁이에게 맡기지 이렇게 좋은 날 품 팔아 가며 빨게 무어람!"하며 혜영의 진지한 마음과 행동을 낡은 이데올로기로 보고 있다.

소금쟁이는 수면위에서 잠시라도 유쾌한 맴도리를 끊이어서는 안된다는듯이 돌고만있다. 소금쟁이는 흐르는물우에서는 결코 돌지않는다. 거울같이 잔잔한물이겠지만 생동하는 물결 있는 흐르는물우에서는 그쾌활하고 만족할수있는 맴도리를 못한다. 물의 깊이를모른다. 흐름의 정신과 육체를 모른다. 안정된 평면이 현존하면 고만이다.[6]

혜영은 'M'을 물의 깊이를 모르고 현실에 안주하는 '소금쟁이'로 비유를 한다. 이것은 시대와 현실의 흐름과 상황을 외면하고 당장의 안일과 향락에 몰두하는, 전향하는 세태에 대한 비판을 우회적으로 드러낸 것이다. 또한 골목길을 내다보며 아이들은 많으나 노래를 부르는 아이가 한 명도 없는 것에 '한없는 민족의 비애'를 느낀다. 그리고 "입을 달싹 하면서" 무엇을 기다리고 호응하여 무엇인가를 말하고 싶어 하는 욕망을 갖는다. 하지만 결국 혜영은 자신의 무기력감을 이겨내기 위해 남편이 입을 스웨터를 짜며 마음을 다스린다.

이렇듯 혜영의 행동은 각성으로 이어지지 않는 한계점을 보인다. 그래서 이 작품에 대한 비판과 반성은 이후에 임순득이 쓴 평론과 소설에 중요한 전환점이 되고 있다. 이때부터 임순득은 여성문학을 '여류문학'으로 주변화 시키는 남성중심의 문단과 그렇게 주어진 '여류작가'에 안주하는 여성작가를 비판하면서 사회주의 여성으로서의 면모를 과감히 보여주기 시작하게 되었다.

다른 작품 「달밤의 대화」를 보면, 주인공 순희는 시골에서 살게 된 이후로 오랜만에 서울에 있는 친구를 만나기 위해 기차역에 나간다. 그 과정에서 옆집에 사는 소년 순동이[7] 힘겹게 짐을 진 모습도 낭만적으로 보여질 만큼 달밤의 정취에 젖어 감상적인 생각을 하게 된다. 순희가 달밤의 정경에 감동을 하고 있을 때, 순동은 "달빛이 있으면 밤에 등불이 없어도 좋은데……."하며 등불이 없는 벽촌에 사는 자신의 생활을 떠올린다. 얼마 후 순희는 기차를 기다리는 역 안에서 생활에 찌든 사람들의 모습을 충격적으로 보게 된다. 또한 순동의 낡은 짚신을 보면서 엄숙함까지 느끼며, 그동안 자신이 갖고 있던 관념적이고 공황상태와 같은 생활에 대한 반성을 한다.

순희의 어딘가에 잠재해 있는 낭만성은 평화롭고 목가적인 인식과 쉼터를 생각하는 것이었다. 그러나 마을의 생활은 미소지을 수 없는 폭풍이었다. …… (중략) …… 그들은 모두 묵묵히 근면하게 일을 하고 있었다. 고급스러운 자신의 모습을 발견하고 순희는 자기 극복의 과정에서 오는 복잡한 감동을 느끼고 오열을 하듯이 자기반성을 하는 것이었다. 오랫동안 잊고 있던 계몽이라는 참된 언어가 생각났다.[8]

마을 사람들은 기름을 구할 수 없어 선향(線香)을 피워 옷을 깁거나 베를 짜야한다. 그들은 눈병에 걸리는 환경에서도 묵묵히 근면하게 일을 하고 있었다. 순희는 그들에 비해 풍족한 생활을 하고 있는 자신의 모습을 발견하고 자기 극복의 과정에서 오는 복잡한 감동을 느끼며 반성을 한다. 그리고 오랫동안 잊혀졌던 '계몽'이라는 언어를 떠올리며 서울로 가는 여행비용을 순동의 학비로 쓰기로 한다. 이것은 여성이 갖고 있는 감상주의와 거리를 두게 함으로써 논리적인 자기 성찰을 할 수 있게 한다. 단순히 달밤의 정취에 취해 현실을 감상적으로만 바라보던 좁은 시야에서 벗어나 현실을 직시하고 그것을 행동으로 옮기는 실천의식을 갖게 하는 것이다.

특히 「대모」에서는 '창씨개명' 정책에 대한 비판과 저항, 그리고 여성문학이 지향해야 할 목표로서의 여성자립과 인간해방이 잘 나타난다. 이 작품 속에서 사촌 동생은 '나'에게 오누이 이상의 감정을 갖고 있다는 사연과 함께 자신의 아이 이름을 지어달라는 편지를 보낸다. 하지만 '나'는 동생의 감정을 시대의 고뇌로 인한 젊은이의 방황이라고 생각한다. 그래서 태어날 조카의 이름을 짓기 위해 소설가 친구인 '고려아(高呂娥)'와 의논을 하게 된다. 여자 아이일 경우 '혜원(蕙園)'이고, 남자 아이일 경우 '세원(世源)'으로 이름을 짓기로 한다. '혜원(蕙園)'은 굴원(屈原)이 『초사(楚辭)』에서 지조의 상징으로 쓴 풀 이름을 딴 것이고, '세원(世源)'은 유대 민족의 해방자 모세(毛世)와 굴원의 이름을 한 자씩 딴 것으로 두 이름 모두 '민족'에 대한 강한 의식을 나타낸다. 즉, '혜원'과 '세원'이라는 이름의 의미는 식민지 시대를 살아가는 사람들에게 필요한 품성과 인간의 정체성을 담고 있다.

임순득은 이 작품에서 이름이라는 것은 한 인간의 정체성과 같이 중요한 것임을 강조하면서, 일제의 '창씨개명' 정책

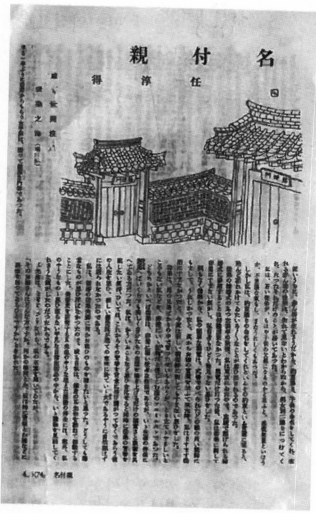

「대모」 발표 당시의 지면

에 대한 비판과 함께 해방의 열망을 강렬하게 드러내고자 했다. 당시 일제의 '창씨개명'은 역사적 전통, 혈연의식의 단절, 군사적 동원을 넘어 조선인으로서 정체성을 포기하게 했다. 여기에는 조선인을 일본인으로 살아가게 함으로써 '정신의 식민화'까지도 이루려는 의도가 내포되어 있다.[9] 이것은 '창씨개명'을 통해 '내선일체'를 이루려는 일본의 식민통치정치의 일환이다. 이를 통해 역사적 전통과 혈연의식으로 유지되어 온 조선의 가족 제도를 일본화하려는 것이다.

작품 속 '려아'는 "비록 내일 지구의 종말이 오더라도 오늘 한 그루의 사과나무를 심겠다"는 스피노자의 말을 미래의 표상으로 삼자고 한다. 앞이 보이지 않는 시대, 미래를 기약할 수 없는 캄캄한 시간에도 미래를 위한, 희망을 잃지 않는 정신의 소유자, 파란 가을 하늘[10]과 같은 사람이 스피노자인 것이다. 하지만 '나'는 그러한 삶이 있을 수 있느냐고 반문하며, 여성들의 감상주의에 대한 비판을 한다.

"넌 포에지가 결핍되어 있어."

려아는 좀 기분이 상한 듯이 말했다. "려아. 너는 지금 억지를 부리고 있어. 나한테 포에지가 있고 없고가 문제가 아니잖아. 난 그저 괜찮은 여자들이 이미 유물이 되어버린 과거의 애정관계에 대해 언제까지나 소중하고 아련한 생각을 품은 바로 그 포즈가 여자 스스로를 비참하게 하는 게 안타까울 뿐이야. 허세라도 좋으니까 어째서 어깨를 펴고 의연하게 여자의 생활을 고집하려고 하지 않는 거야? 흔히 말하는 여자의 프라이드라는 것이 바로 그거 아냐? 내가 말하고 싶은 건 바로 이거야. 그걸 안다면 포에지의 가을 하늘이라도, 고치 속의 누에라도 상관없어."[11]

'나'와 '려아'의 대화에는 여성 자신의 주체적인 입장, 정신적 자립의 필요성이 잘 나타난다. 식민지 조선의 상황에서 지식인 여성으로서 살아간다는 것의 의미와 남성과 여성의 관계에서 여성의 '주체 세우기'라는 문제를 제기한 것이다.

'나'는 한 남자에게 매달려 자기의 생활을 찾지 못하는 여성의 의존성을 강하게 비판하고, '려아'는 여성이 가질 수 있는 포용력의 자세를 강조한다. '나'는 '려아'를 통해, '려아'는 '나'를 통해 여성들 스스로가 갖고 있는 이중적인 일면을 발견하게 된 것이다. 즉, 여성 대 여성의 관계에 중심을 두어 여성성에 대한 탐구를 보여주고 있다. 이것은 여성의 주체적인 인식이 같은 여성을 통해서 발견되고 변화할 수 있다는 것을 의미한다. 더 나아가 여성들이 스스로 갖고 있는 모순성에 대한 극복의 필요성을 강조하고 있다.

임순득의 평문 「여류작가의 지위-특히 작가 이전에 대하여」[12]에서도 이것은 잘 나타난다. 30년대 여류문학의 개념은 가냘프고 섬세한 전통적인 여성의 신비를 문학에 반영하는 것[13]이며, 여류문사는 대부분 남성작가와의 직·간접적인 관계를 통해 형성되는 경우가 많았다.[14] 임순득은 '여류작가'는 '여류'[15]이기 이전에 '작가'라는 것을 이론적으로 밝히고자 한 것이다. 여성작가들을 여류로 평가하는 남성들의 관행을 지적하는 한편, 여성작가들의 병폐와 문제점을 날카롭게 지적했다. 즉, 여류작가에 대한 재고찰을 제기하는 가운데 당시 문단이 갖고 있는 구조적인 모순점을 비판한 것이다.

또한 임순득은 「여류작가 재인식론」[16]이라는 평문에서도 이것을 잘 나타냈다. 이 평문에는 여성작가가 남성작가를 능가하는 창작성과를 내고 있음을 밝히고 있다. 부인작가들의 문학적 존재를 정당하게 주장할 수 없어도 그들의 집적을 무시할 수 없다는 것이다. 이에 대한 근거로 강경애의 작품 「어둠」에 대해 "당신의 문학에서 어둠과 격투하기를 바란다"는 격려를 아끼지 않는다[17]라는 호평을 했다. 박화성에게는 "모든 우연적인 표상의 옷을 다 벗겨놓고도 남는 아름다운 신체를 작가는 창조해야 할 것"이라며 인내와 강인함을 창작에 두어야 함을 강조했다. 그리고 이선희의 「계산서」에 대해서는 "모든 아내된 자의 계산서"라는 남편, 남자에 대한 강한 저항이 곧 사회 자체를 향한 선언임을 호평하나, '소형가정'

「여류작가 재인식론」 발표 당시 모습

이라는 전제를 뛰어넘어서야 한다는 일침을 놓았다. 이것은 부인작가 중에서 가장 스타일을 가진, 평범하지 않은 작가적 감수성을 가진 이선희의 역량을 재확인하려는 바람을 나타낸 것이라 하겠다.

이와 같은 평문들을 통해 임순득은 자신보다 앞 세대인 선배 여성작가들에 대한 문단의 평가와 그들의 활동에 대한 자신만의 시각을 과감하게 보여주었다. 이것은 '여성의 시각'으로 여성문학을 바라본 것으로써 그동안 남성중심주의 시각에서 '여류문학'으로 폄하된 여성문학을 재조명해 볼 수 있는 계기를 주고 있다.

「늪의 쐐기풀에 부침」 발표 당시 지면 모습

이렇듯 임순득이 작품 속에서 보여주는 여성의 주체적인 의식은 이전에 쓴 여러 편의 평문의 연장선이다. 억압받고 있는 여성의 현실을 직시하여 해방을 지향하는 '부인문학'을 건설하자는 여성문학이론을 실천하려고 했다.

그렇다면 임순득이 생각한 '부인문학'은 무엇인가. 이것은 임순득이 일본어로 쓴 수필에서 그 의미를 찾을 수 있다. 「늪의 쐐기풀에 부침」은 임순득의 자전적 생활이 잘 드러난다. 수필 속 '나'는 친구인 '그녀'에 대한 얘기를 한다. 그녀는 경성 여학교를 졸업하고 부모가 정해진 사람과 결혼하여 20대 초반에 과부가 되었다. 어린 딸을 두고 동경에 가서 양재 기술을 배운 후 양장점에 나가고, 어린 딸에게 아버지 없는 그늘을 만들지 않으려고 강한 모성애를 보인다.

"나는 말야. 남편이 죽었다는 사실에는 전혀 슬프지가 않았어. 그냥 젊은 사람이 죽는다는 것이 좀 슬펐을 뿐이야."
A씨가 언젠가 나에게 이런 소리를 했습니다. 저는 A씨가 자신을 생각하는 슬픔이 아니라 죽은 사람의 죽음을 슬퍼하는 그 순수한 슬픔에 존귀한 모성을 느꼈습니다.[18]

위의 글에서 보는 것과 같이 임순득은 생명이 있는 것을 사랑하고 생명의 죽음을 슬퍼하는 마음이야말로 존귀한 모성이라고 했다. 그래서 친구인 '그녀'가 과부가 된 뒤에도 딸과 함께 온갖 시련과 고생을 묵묵히 견디어 나가는 모습을 '자립'으로 보았다. 과부가 된 '그녀'가 깊게 마음 아파하는 것은 일과 모성이 양립하기 어려운 여성의 처지였다. 열악한 현실에서 여성이 자립하기 위해서는 많은 고통을 이겨내야 한다는 것이다. 임순득은 "현대 조선은 여성이 자립하기에는 가장 나쁜 환경"이라고 하면서 이 당시 조선 여성의 절대 화두는 '자립'이라 생각했다. 그래서 어려움을 이기고 자립하는 모성이 있다는 것을 임순득은 자전적 체험을 통한 수필 형식으로 나타냈다.

> 내가 하루 종일 밖에 나가 일하고 있을 때, 좁은 방에서 할머니와 같이 색종이 학이나 배를 접고 지내는 윤이가 나중에 유년기를 기억하고 어떤 기분이 들까라는 생각을 하면 마음이 편하지 않습니다. 나는 엄마라기보다는 그 아이의 배를 채워주는 존재, 그것도 빈약한 기계에 지나지 않는다는 초라한 생각이 들어 마음이 아픕니다.[19]

일하는 엄마의 육체적 고통뿐만이 아니라, 엄마의 일터가 집과 떨어지면서 아이와 공유할 시간이 없다는 정신적 고통에까지 모성이 당면한 새로운 국면을 밝히고 있다. 이렇듯 임순득은 그 자신이 부인작가로서 모성을 새롭게 구성하고자 했으며, 여성작가로서 '여성의 말하기'에 대해서도 끊임없는 관심을 두기도 했다. 여성 인물을 서사의 중심에 내세움으로써 당시 상황에서 여성이 결코 자유롭지는 않으나, 그 누구도 타자(他者)의 지위로 떨어지지 않는 세계의 가능성을 열어 보였다.

이러한 여성문화에 대한 관심은 당시 문학에 대한 사람들의 인식을 새롭게 해 주기에 충분했다. 남성적 글쓰기가 중심인 문단에서 여성을 글쓰기의 주체로 내세움으로써 문학계의 새로운 지평을 마련하고자 했다. 즉, '내적 생활에서나 외적 생활에서나 독자적'[20]인 모습을 갖추어야 함을 강조하면서 두 면이 조화를 이루는 여성상을 제시한 것이다. 이러한 여성인물들의 자기 발견의 모습은 공동체 내부에서 자신의 존재를 중립적으로 확인하는 과정과 함께 여성문학의 객관성을 확보할 수 있게 한다.

4 사회 변화에 따른 의식과 행동의 실천

　임순득은 전향 이후의 서사 윤리를 점검하는 과정을 통해 새로운 여성 주체에 대한 희구를 드러내고 있다. 남성과 동등한 지성의 소유자이자 동반자로서, 그리고 역사의 구경꾼이 아닌 주체로서 어두운 현실을 직시하고 대응할 수 있는 여성상의 필요성을 느꼈던 것이다. 그는 여러 비평문에서 '바르다'라는 표현을 빈번히 사용하며 특정 작품에 대한 가치판단을 분명히 제시했다. 사사로운 것, 재미있는 것, 그리고 비속한 것은 그에게 유의미한 문학의 재료가 될 수 없는 것이었다.

　한 일례로 강경애가 보여준 '사건'의 문학화에 대해 "강경애는 일말의 가능성을 찾을 수 있었으나 그 자신은 실천으로 나아가지 못했다."라고 했다. 이것은 임순득이 해방 후에 쓴 유일한 평론으로 1949년 8월 『문학예술』 제8호에 실린 「『인간문제』를 읽고-간단한 약력 소개를 겸하여」에 실려 있는 문

구이다. 당시 『문학예술』은 북조선문학예술총동맹 기관지로
서, 1949년 3월 노동신문사에서 강경애의 『인간문제』가 나온
것을 기념하여 임순득의 글을 실었다. 일찍이 「여류작가 재
인식론」에서 강경애의 「어둠」을 높이 평가한 임순득은 본격
적으로 강경애의 작품에 대한 평을 하기 시작한 것이다.[21]

또한 더 이상 선배 여성작가들의 창작에서 긍정적인 사례
를 찾을 수도 없다고 언급하기도 했다. 당시 활발하게 활동

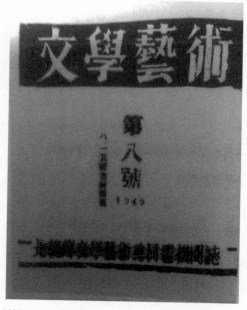

임순득의 평론 「『인간문제』를 읽고」가 실린 『문학예술』 제8호 표지

하던 최정희와 모윤숙의 소설에서 임순득은 "'애틋한 하소연에 시종하는 퇴색한 감상'과 질식할 것 같은 '미사여구'만 발견했을 뿐이다."라고도 했다. 이렇듯 조선어로 씌어진 그의 마지막 글쓰기는 「불효기(拂曉期)에 처한 조선여류작가론」이라는 제목으로 당시 여성작가들에게 중심을 둔 글이 대부분이었다.

임순득은 이러한 글들에서 자기 문제의식의 연장선상에서 합법적으로 통용 가능한 것과 불가능한 것을 취사선택하려고 노력했다. 특히 3장 전향의 시대, 자기 발견의 서사에서 다룬 「대모」(名付親)에서는 여성의 '지성'을 부각시켰으며 여성 간의 '연대'를 바탕으로 형성되는 주체성을 강조하였다. 이를 통해 그는 자신이 그토록 혐오했던 감상적이고도 낭만적인 여성상, 그리고 이를 표현하기 위해 동원되는 미사여구들을 정면으로 반박할 수 있었다.

그러나 식민지의 '어둠'에 맞서는 여성의 '힘'과 '행동'에 대해서는 철저히 함구하였다. 이는 분명 타협이긴 했으나 적어도 총후부인이나 군국모성 등 국민문학의 공식 여성상을 회피할 수 있는 확실한 길이기도 했다. 그렇다면 이것은 민족을 위한 글쓰기인가, 국민을 위한 글쓰기인가. 임순득은 단지 여성을 위한 글을 썼다. 바로 이 지점에서 임순득의 일본어 소설이 지닌 독특함을 발견할 수 있다.

「불효기에 처한 조선 여류작가론」 발표 당시의 지면

임순득이 활동했던 당시의 사회 현실은 우리 민족이 처한 현실과 긴밀한 연관성이 있다. 특히 여성운동은 근대와의 접합으로 생성된 민족이라는 무의식과 깊은 관련을 맺으며 발전되어 왔다.[22] 1930년대 후반에서 1950년대 후반기까지 이어지는 활동 기간 동안 임순득은 여성으로서 읽고 쓴다는 자의식을 바탕으로 현실 속 여성의 문제를 진지하게 성찰해 나갔다.

당대 사회에서 가장 큰 쟁점이 된 과제는 바로 전쟁 수행과 국가 만들기, 그리고 이를 위한 국민화 프로젝트이다. 식민지 조선 민족에서 일본 국민으로, 해방된 조선 민족에서 남/북한 국민으로 전환하는 과업은 복잡다단한 과정을 필요로 했다. 대동아라는 범주 속에서, 혹은 냉전체제하 세계 질서 속에서 민족의 위치를 재정립하는 한편, 민족 내부적으로도 특정한 정체성을 부정하는 과정을 거치고 나서야 국민이라는 새로운 정체성을 획득할 수 있었기 때문이다. 이때 젠더화 된 인식은 가치 판단의 핵심적인 기제로 작동하며 특정한 남성과 여성을 국민으로 분류하는 데 기여했다.[23] 이는 공적인 정치나 법, 제도의 영역은 물론 문학예술과 같은 상징문화의 영역에서 국민적 윤리 의식과 감수성 형성에 바탕이 되어 주기도 했다. 가령, 이 시기 문학 속 모성이 스테레오타입으로 등장하는 것은 결코 우연이 아니며, 비국민적 속성이 타

락한 여성상에 집중되는 것도 역시 그러하다.

북한의 경우 남녀평등이 급속하게 시행되는 등 여성의 권리에 관한 법률이 순차적으로 도입되었으나 그것이 "노동으로의(to work) 해방"[24]을 뜻했음은 익히 알려진 대로이다. '혁신적 노동자'-'혁신적 어머니'라는 두 모델은 여성 생산을 통해 국가 형성 및 발전을 도모하고자 했던 초기 북한의 전략을 보여준다. 이런 이유로 우리는 여성이 생물학적으로는 물론, 문화적으로, 상징적으로 민족을 재생산해 왔다고 말할 수 있는 것이다.

이처럼 임순득의 소설은 전쟁이라는 새로운 국면 속에서도 전형성과 대표성이 부족하다는 판단 아래 다시 씌어졌다. 그에게는 여전히 선택과 배제의 전략이 필요했고, 그것이 북한의 작가로서 존립할 수 있는 길이었다. 그러나 북한문학의 체제와 지침들이 더욱 강고해져간 것과 달리 그의 작가 생활은 오래 이어지지 못했다. 그 이유가 명확히 알려져 있지는 않으나, 이제까지 살펴본 대로 북한에서 활동하던 작가 임순득의 사라짐은 작품 내부에서부터 예비된 것인지도 모른다.

임순득은 해방 후 월북을 하여 비평보다는 창작 쪽에서 많은 작품을 내놓아 일제 하 여성문학과 해방 후 북한의 여성문학의 연속성을 보여주는 역할을 한다. 특히 해방 이후 공식적으로 평등해진 여성의 지위와 달리 여전히 변화하지 못하는 여성의 삶을 사실적으로 작품 속에 반영했다. 사회주의의 영향을 받은 여성이나 여성운동가로서의 모습을 자주 등장시킨 것이다. 그만큼 문학의 영역이 사회문제를 비판하거나 분석하는 공간으로서 여성들의 현실 문제를 잘 드러낼 수 있기 때문이다.[25] 사회운동은 주관적인 의식의 실천이지만, 객관성을 확보할 수 있는 새로운 운동의 한 양태로서 문학이 존재를 할 수 있게 했다. 또한 사회운동은 문학을 통해 객관성을 유지할 수 있는 기반을 마련해 주기도 했다.

임순득은 1930년대의 민족해방운동, 특히 학생운동과 혁명적 노동조합운동에 헌신한 여성활동가들의 삶을 작품 속에서 우회적으로 나타냈다. 여성 억압이 남녀 차별적 이데올로기를 이용하는 자본주의 세계 체제에 있다는 전제는 여성문학론이란 민족·민중문학론과 맥을 같이한다.[26] 식민지에서의 여성운동은 민족국가의 건설과 함께 민족담론 내에서 상징적인 역할이기도 한 것이다. 이것은 여성해방 의식과 연결됨으로써 여성문학에 대한 기존의 논의를 보다 폭넓게 살펴볼 수 있게 한다.

그의 작품 「딸과 어머니와」에서는 전근대적 결혼 윤리와 새로운 윤리 사이에서 갈등하는 여성의 내면의식이 여성해방의 지향점 모색으로 연결되고 있다. 작품 속 '어머니'는 청상과부가 되어 집에 와 있는 딸과 아직 결혼을 하지 않은 아

들과 함께 살고 있다. 어느 날 아들 수첩에서 보게 된 '연경'
의 사진을 보고 놀란다. 연경은 동생들을 돌보기 위해 늙은
기업주의 후처로 들어갔으나 결국에는 이혼을 한 딸의 친구

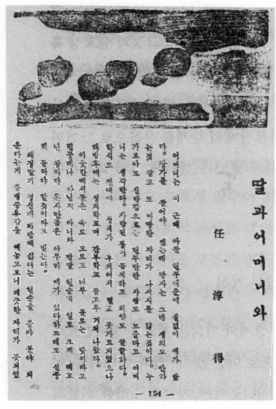

「딸과 어머니와」 발표 당시의 모습

였다. 어머니는 자신의 아들은 한번 결혼한 여자와는 결혼을 해서는 안 된다는 봉건적인 사고방식을 가지고 있다. 반면 딸의 허물에 대해서는 당연시하고 있다. 이러한 어머니의 이중적인 심리는 대부분의 여성들이 갖고 있는 의식의 모순점을 잘 드러내고 있다. 남녀평등법이라는 제도적인 변화에도 불구하고 현실에서는 여전히 의식의 개혁이 쉽지 않은 것이다. 이것은 "자기 내면의 성차별주의는 직시하지 못하고, 다른 여자들과의 상호 관계 속에서 페미니즘의 대의를 배신"[27] 하는 모습이라 하겠다.

"내가 수절하고 저이 오뉘 길러낼젠 버젓한 세상 보고파 그랬지, 왜 어쩐다구 멀쩡한 자식 헌짝을 맞춰줄까."

······ (중략) ······

"어머니 말씀대로 하면 저도 쓰레기통참례나 해야겠어요. 연경이처럼 헌것이긴 매일반 아니얘요?" 웃으며 말했건만, 금시 어머니의 안색이 달라진다. 딸에게 손목을 잡힌 채 차차 해쓱히 빛을 잃고 싸늘하게 굳어져가는 표정에는 말해두는 것도 좋으리라 생각하고 좀 과한듯 싶었으나

"제가 만일 누구에게 사진을 주었다가 이런 봉변을 당하면 장히 어머니 마음 좋으실 테지."[28]

딸 '현순'은 어머니에게 자신의 처지도 연경과 비슷하다며 연경의 삶에 대해 옹호를 한다. 연경은 지금 "자주적인 정신"과 "한 사람의 녀성으로써의 무참한 청춘의 울분"을 갖고 '여성인권'을 부르짖고 있다고 한다. 또한 "우리 조선이 일제의 철쇄를 벗어났는데 난들 웨 해방못하겠누"하며 연경이야말로 자신의 일을 열심히 실천하고 있다며 어머니를 설득한다. 어머니는 딸 '현순'과의 대화를 나누며 자신이 갖고 있는 봉건적 의식에 대해 다시 생각을 하게 된다. 그리고 딸에게 "웬만하면 같이 데리고 오렴!"하며 연경을 데리고 오라는 말을

「솔밭집」이 실린 『조선일보』 제2집 목차

하는 의식의 변화를 보인다.

역사적으로 여성이 공적 영역에 참여하게 되는 근대적 경험은 대한제국 계몽운동의 담당자들이 국민의 어머니로서 여성을 호명화한 것이 시작이다. 이때부터 국민을 길러낸 여성에 대한 교육이 중요해졌고 여성에 대한 근대적 교육이 시작되었다. 그러나 이 운동은 식민지화와 함께 중단되었고, 일본 유학 같은 고등교육을 받을 수 있었던 일부의 여성들은 '신여성'이 되었다. 그래서 3.1운동 이후 늘어난 여학교에서는 '현모양처'를 여성교육의 목표로 삼았다.

1920년대 중반 사회주의 여성운동은 급진적이고 개인적으로 여성문제를 제기했던 신여성과 현실 안주적인 현모양처를 동시에 비판하면서 등장했다. 당시 사회적 분위기, 특히 여성들은 콜론타이의 '신여성'을 이상으로 삼으면서도 식민지 현실에서 민족운동에 참여했고 남성과 대등한 동지적 관계를 갈망하였다.

이것은 임순득의 작품 창작에도 여러 바탕을 이루면서 나타나고 있다. 그의 작품 「솔밭집」을 보면, 이 작품은 해방이 여성의 의식을 어떻게 변화시켰는지를 잘 보여준다. 이 작품은 임순득이 1947년 12월 『조선문학』 제2집에 발표한 것으로 두 번째 호인 최명익의 「기계」와 같이 실렸다. 이것은 당시 문단에서 임순득을 높게 평가하고 있다는 것을 잘 보여준다.

해방 직후 여성작가들의 활동이 거의 없던 상황에서 임순득은 당시 이북지역에서 거의 유일한 여성작가로 활동한 것이다. 해방 전에 등단했던 강경애와 백신애는 해방 전에 죽었고, 박화성은 작품 활동을 잠시 중단한 상태였다. 이북 지역에는 임순득과 임옥인이 살고 있었는데 임옥인은 1946년에 월남했다. 지하련의 경우에도 1948년 월북했지만 거기서는 거의 작품 활동을 하지 못했다.

이러한 상황에서 임순득은 일제 말기에도 작품 활동을 했으며, 친일 논의에서도 자유로운 입장이었고 작품의 지향도 분명한 모습을 보였다. 그 모습을 잘 보여주는 작품이 「솔밭집」인 것이다. 작품 속 '나'는 원산의 여학교 수리 교사로 있던 중, 해방 전에 살았던 강원도 추지령에서 '솔밭집'으로 불리던 용례 어머니의 방문을 받는다. 그녀는 아들을 낳지 못했다는 이유로 남편에게 구박과 학대를 받고 살았다. 하지만 해방 후에는 토지개혁과 민주개혁으로 생활이 안정되고 살림에도 여유가 생기게 된다. 그래서 간식거리를 챙겨서 '나'의 근무지이며 자신의 딸들이 다니고 있는 학교에 찾아온 것이다.

가사실습실 수도장치, 으리으리한 찬장 요리대, 모다 들러보고 만져보며 히한해서 입만 떡 벌린다. 까스 불을 켜뵈니 냄새

도 역하지만 독개비불 같다고 끄려했으나 수도를 틀으니깐 반
색을한다.

…… (중략) ……

수도 물줄이를 소곰섬에 꼽아놓고 서슬을 받았으면 좋겠다
는것이다.

…… (중략) ……

"용넌몰라도 우리 용순이넌만해도 이런데서 공부랑 허겠
지?"

"그럼은요 살림도 허지요 그맨 따로 제살림만 한다고 행주치
마에 매이 않습니다. 공동식당에서 밥해주고 공동세탁소에서
빨래해주고"

"그럼 에펜넨 집에서 낮잠만 자나 온 벨소리다 한다."

"공장에 가 일허구 농장에 가서 기계부려 노래와함께 김을메
고 …… 집에 와선 신문을보던 춤을추던 산보를 가든……"

"원산 아줌마 이얘기 듣고보니 독개비한테 홀린상싶소. 아
모런 사람의 자식은 가르키고 볼일이지"[29]

용례어머니는 '나'의 안내로 가사실을 둘러보며 전통적으
로 여성들이 해야 하는 가사노동을 하지 않는 것이 이해가 되
지 않는다. 하지만 이러한 환경에서 자신의 딸들이 산다는
것에 "사람의 자식은 가르치고 볼 일"이라며 새로운 세상에

대한 기대를 갖게 된다. 또한 광부의 딸이 첩으로 살면서 온갖 학대를 받다가 시월혁명 이후, 여성해방과 교육으로 도위원이 된 이야기를 듣고는 자신의 딸이라도 사람 구실을 시켜야겠다는 결심을 하게 된다.

용례 어머니에게 해방이란 자신은 미처 누리지 못한 삶으로써 일제시대 사회주의 여성운동의 한 모습이다. 식민지배자가 물러간 땅에서 공동식당에서 밥 해주고, 공동 세탁소에서 빨래 해주는 가사노동의 사회화, 직장에서 일하고 나머지 시간은 휴식과 여가 활동으로 보내는 8시간 노동제라는 꿈, 도깨비에게 홀린 것 같은 '꿈'이었지만, 해방이 된 마당에서 그 꿈이 실현될 수 있을 것이라는 기대가 이 작품에는 잘 나타나 있다.

이처럼 임순득은 여성들이 받은 많은 억압들을 사회의 모순된 구조와의 관계성 안에서 형상화 시켰다. 공식적으로 평등해진 여성의 지위와 비공식적인 개인의 삶에서 여전히 유지되고 있는 남성 중심의 관습에 대한 임순득의 문학적 발언인 것이다. "제도와 의식의 괴리"[30]를 날카롭게 꼬집은 것으로 국가 건설을 위한 새로운 여성성의 확립 과정에서 반(反)봉건을 지향하고 있는 북한 정부 및 여맹의 공식 입장을 적극적으로 반영한 것이기도 하다. 이것은 임순득이 매우 복잡하고 미세하게 얽혀있는 현실의 이면에까지 눈을 돌리면서 일상에 내재해 있는 여성의 삶과 경험을 탐색해 나가고 있다는 것을 알 수 있게 한다.

5 여성해방과 민족해방의 염원

여성문학은 사회 구조 속에서 여성의 체험을 강하게 표현하거나 제공하는 경우가 많다. 임순득은 사회주의 운동의 여러 활동 경험을 바탕으로 해방 이후 북한에서 활동을 했으나, 여성해방의 측면에서 지속적으로 글을 써 나갔다. 이것은 여성들의 정체성 모색이 사회적 주체의 모색으로 연결되어 여성의 의식 변화를 행동으로 실천하게 한다. 그만큼 임순득이 경험한 사회주의 사상은 사회적 맥락에서 여성의 위치를 고민하게 하고, 더 나아가 민족, 그리고 인간의 근본적인 해방을 지향하고자 했다.

이것을 임순득은 「어느 유가족의 이야기」의 '정덕'을 통해 보여준다. '정덕'은 시아버지가 동네의 일에 대해서 솔선수범하는 것에 자부심을 갖고 있다. 또한 남편 '인섭'이 징용에서 죽게 된 상황을 담담히 받아들이며, 조합에서 작업반장을 하는 등 누구보다 열심히 자신의 일을 하고 있다. "조합이란 집단은 전시의 품앗이반과도 달라 사람의 마음을 불각시로 한 덩어리로 뭉쳐놓는 위력을 갖고 있다"고 생각을 하기도 한다. 조합이 생긴 이후로 마을 사람들이 서로 의지하면서 여러 일들을 해 냈기 때문이다. 그만큼 조합의 일은 정덕에게 '주인이 되어 일'을 하는 결속력을 갖게까지 한다.

유 정덕이라는 한 녀자가 자기들이 고향에 두고 떠난 늙은 부모를 모시고 또 어린 동생들과 자식들을 지키고 길러 준다는 그 믿음 없이 어떻게 자기 남편이나 시동생들이 원쑤가 노리는 총끝 앞에서 자신 있게 죽어 갔으며 어떻게 고지의 돌격전에서 최후까지 용감했으랴. 고향에 부모 처자를 두고 조국을 지키러 떠나 간 사람들은 원컨대 안심하고 고이 집을 지키는 자기들의 정렬한 아내와 누이들을 믿고 자랑하라고 소리높이 웨치고 싶은 정덕인 것이다. 다른 사람은 몰라도 자기만은 그렇게 살 것을 깊이 맹세하였다.

······ 중략 ······

다른 사람은 몰라도 적어도 자기는 리 인민위원회 서기장을 하던 피학살자 유가족이다. 동시에 나라의 운명에 용감히 뛰어들 것을 그 사명으로 교양 받은 한 사람의 녀성당원이 아닌가. 그런데 좀 더 편안하고 마른 자리로 물러 앉다니, 항차 남들은 죽을둥 살둥 모르고 고난과 애로와 싸우는 이 전후에![31]

정덕은 병들고 홀로된 시아버지를 모시고, 자신의 아들과 행방을 감춘 동서인 옥금의 아들, 시동생들까지 돌보며 자신의 일에 충실한 것이 여성으로서 나라를 지키는 일이라는 의식을 갖고 있다. 또한 어느새 자라 자신을 이해하는 시누이 '춘단'이 "새 세대를 향하여 진군하는 광망의 길을 보다 넓게 닦기 위해 날마다 지혜"를 찾는 변화된 모습을 보면서, "학습하고 또 학습하자. 학습 없이는 전진하지 못한다"는 것을 다시 한 번 깨닫는다. 그래서 시누이만 졸업하면 자신도 교육을 받아 조합 사람들을 가르치고 더 많은 일을 해야 겠다고 다짐한다. 이것은 식민지 시대에 여성교육이 '부덕(婦德)의 함양'[32]으로서 군국주의에 일조하는 것과는 다른 면모이다.

당시의 여성교육은 가족 제도를 위한 준비 교육으로 현모양처를 바람직한 여성상으로 보았다. 그래서 교육을 받은 '신여성'들은 보다 폭넓은 활동영역을 갖지 못하고 도리어 부정적인 측면으로 언급되는 경우가 많았다. 이에 임순득은 여성이 교육을 받는 것은 사회 속에서 여성의 역할을 충실히 해 낼 수 있는 기반을 마련하는 것임을 작품을 통해 강조하고 있다.

이러한 의식은 임순득이 고등학교 시절 활동했던 여러 사회 단체의 생활이 바탕이 된 것이다. 임순득은 이화여고보 퇴학 후에도 여성활동가, 이재유[33] 그룹 등과 지속적으로 관계를 유지하며 일제의 식민 정책에 대해 저항을 했다. 특히 30년대 중·후반 서울 중심의 반제노동운동과 조공재건운동에 참여한 경험은 임순득에게 민족적이고 여성적인 자의식을 갖게 하는 기반이 되어 주었다. 그 시기 혁명적 노동운동에 투신한 많은 여성들은 일제의 사회주의 탄압에 의해 지하운동으로 방향을 대부분 바꾸었다.

그러나 임순득은 일본으로 건너가서 지적영역을 더욱 넓힌 후, 공적인 공간에서 당당하게 자신의 정체성과 사상을 말하기 시작했다.

이것은 사회주의 여성작가로서 유사한 면모를 보이는 강경애와 비교되는 지점이다. 두 사람은 모두 여학교 시절 기독교 계통의 학교를 다녔다. 학교의 교육방침을 거부한 이유로 퇴학 처분을 받았으며, 일정정도의 사회주의 교육을 받기도 했다. 하지만 강경애가 가입한 근우회는 대부분 기독교인들이 중심으로 지속성을 갖지 못했다. 그래서 모임이 해체된 이후에는 혼자 문학수업을 하는 등 개인적인 모색기를 갖게된다. 이것은 강경애가 계급사상과 사회주의 사상을 작품 속에 반영했지만, 결국에는 개인적 좌절로 작품의 결말을 맺는 것과 연결해 볼 수 있는 부분이라 하겠다.

임순득은 다른 여성작가들이 일제 하에서 자의든 타의든 절필 또는 이주 등을 하거나, 친일로 방향전환을 한 것과는

다른 면모를 보였다. 단순히 여성해방의 측면만을 다루는 것이 아니라, 억압받는 민족의 현실을 직시함으로써 민족해방의 모색을 끊임없이 시도하려 한 것이다.

임순득의 자전적 요소가 강한 소설「우정」을 보자. 이 작품에서 남편의 모습은 임순득의 남편의 실제 성격과 유사한 면이 있으며, 주인공 역시도 임순득의 모습을 그대로 담고 있다.[34] 표면적으로는 소련군 장교와의 우정이 중심 내용이지만, 그 이면에는 한 여성이 내·외적 속박에서 벗어나 주체로 서게 되는 과정이 잘 나타난다.[35] 주인공 '화숙'의 남편 '세익'은 일제시대에는 양심을 지켰지만, 행동에는 나서지 못한 자존심이 강하고 소심한 성격이다. 해방 이후에는 그 자책감으로 자기는 물론, 주위 사람들에게까지 예민한 성격을 자주 보이기도 했다. 화숙은 이러한 남편의 모습에서 '식민지적한 개의 형'을 보는 듯해 마음이 편하지 않았다. 그래서 남편에 대한 심리적인 종속에서 벗어나려 노력하며 자기 스스로 새로운 사회적 관계를 형성해 나간다.

……말이야 옳고 그른 데 없다 치더라도 그다지 야속한 세익에게 뚜렷한 항변 하나 못한 자기가 새삼스럽도록 못나 보였다. 그러고 보니 같이 사는 동안 실없이 주눅들고 만 것을 아니 느낄 수 없었다. 이제부터는 이 천만 가지가 가시밭가이 까

다롭고 턱턱 막히는 세익에게 져서는 안된다는 생각이 머리를 쳐들었다. 무슨 한 가정을 영위하는 부부가 승부를 겨룬다는 것이 아니라 어둡고 꾀까다로운 것에 밝고 곧은 것이 짓눌려 서는 안되겠다는 강력한 욕구가 치미는 것이었다.[36]

　"어쨌건 당신은 말예요. 막상 떠나게 되니 하는 말이지만 쎄르바 상위한테 대하는 태도는 아직도 수동적에서 더 못나가는 것이 불만이야요. 그 분이야말로 로씨야적이라 할까. 계산 없는 우정을 쏟는데 어디 당신이야 그래요? 그야 마음엔 다 있지. 당신 론법대로 하면 지나친 공경은 예의가 아니구 어쩌구……. 그러나 어덴지 그해 못 본 성격이 뿌리가 남아 있는 것 같아서…… 공연히 헌 상처를 건딘다고 날 불쾌히 생각마세요. 애가 씌워 그래요."

　"다 접수하오."

　세익은 기분이 좋은 듯하였다.[37]

　화숙은 열차 안에서 우연히 만난 소련군 상위 '쎄르바'와 인간적 관계를 맺어 이를 남편 세익과 연결해 주며, 남편이 할 수 있는 일에 대한 방향을 잡아준다. 또한 "사상과 성격의 통일은 오직 세 대를 창조하고 지향하는 사람의 간절한 항로(航路)"라며 참된 동반자가 되어 세익의 의식을 변화시키는 역할을 하기도 한다. 작품 속 아내는 제 삼자의 입장이 아니라 소비에트 전사의 기개 앞에서 극명하게 나타나는 나약함, 사회인으로서의 무력함, 아내 앞에서만 폭발하는 가부장제적 성향에 이르기 까지 세익이 가진 모든 결점을 관찰하고 분석해 내고 있다. 세익이 가진 결점을 내면 속에 깊숙이 잠재되어 있는 '식민지의 잔재적 모습'으로 해석한 것이다. 그것은 반드시 청산되어야 할 심각한 문제이기에 세익의 변화는 조·소 친선의 결과가 가져온 커다란 변화로서의 의미를 갖는다. 이것은 남성과 여성 사이의 관계 개선뿐만이 아니라, 더 나아가 인간다운 삶에 대한 추구를 나타낸다. 남녀 사이의 개인적 생활에서도 '자기 해방'이 이루어져야 진정한 인간 해방이 이루어질 수 있다는 것이다.[38]

임순득은 이 작품을 통해 변화하는 시대에서 여성도 기본적으로 사회활동을 하면서 독립적이고 당당하게 성장을 해야 한다는 것을 잘 나타내고 있다. 여기에는 실천적 자세가 바탕이 된 여성의 세계관이 중요하다는 의미가 내포되어 있다.

이것은 그가 쓴 평문 「창작과 태도-세계관의 재건을 위하여」[39]에서도 잘 나타난다. 이 평문은 30년대 후반의 시대적 상황에서 작가들이 갖추어야 할 자세를 논한 글로써 세계관을 통해서 창작이 완성되는 것과 같이 세계관은 창작을 통해서 완성되어야 한다는 의미를 갖고 있다. 임순득은 이 글에서 "문학은 사람의 일생을 바칠 사업"으로서 자신에게 "문학은 여락(餘樂)도 딜레탄티즘도 아니고 진실의 길"이라는 작가로서의 사명과 철저성의 중요성을 강조했다. 즉, 작가는 사회적·역사적 인간으로서 우리 문단의 현실로 봤을 때 진실한 인간이어야 하며, 여자인 작가는 우리 문학의 발전을 위한 공동자라야만 한다[40]는 것이다. 여기에는 한계가 곧 세계관의 한계로써 여성문제에 대한 인식정도를 세계관의 차원으로 끌어 올리려는 의미가 담겨 있다. 또한 여성이라는 인식의 해방에서 더 나아가 인간해방을 지향하는 작가로서의 보편성을 갖추어야 한다는 것을 강조하고 있다.

6 인간해방의 보편성 추구와 모색

1920·30년대는 사회주의 여성들의 사회적 해방과 신여성들의 여성해방운동이 본격화된 시기였다. 이러한 시기에 임순득은 여류이전에 한 작가, 작가이전에 한 인간으로서의 동등한 권리를 주장했다. 여성작가들에 대해 관습적인 '여성성'을 강조하고 강요하는 '여류작가 논의'를 비판하면서 '여류작가'도 여성 이전에 한 사람의 작가임을 강조했다.

임순득은 그동안 남성적인 편견으로 왜곡되어 왔던 여성문학과 여성작가들을 새롭게 인식하는 가운데, 사회주의와 민족주의 사상을 바탕으로 당당하고 자유롭게 글을 썼다. 지금까지 남성 중심적 지배이데올로기 안에서 이루어진 작품평가의 기준에서 벗어나 여성의 문학적 개입과 여성의 눈으로 여성문학을 바라본 것이다. 그래서 임순득이 쓴 소설과 평문은 당대 문단의 현실뿐만 아니라, 우리 민족이 처한 현실과 여성의 현실을 직시하면서 해방된 민족과 여성의 해방에 대한 방향을 함께 모색하고 있다. 여성의 자립이 민족해방으로, 더 나아가 인간해방으로까지 연결된다는 것을 보여주려고 한 것이다. 이것은 작가가 어떤 세계관과 가치관을 가지고 현실 문학에 임해야 하는지에 대한 중요성을 제기한다.

이와 같은 면이 우리가 임순득을 주목하는 이유이기도 하다. 임순득이란 한 여성작가가 일제 말 남성중심 문단의 현실 속에서 척박한 여성문단 상황을 직시했으며, 여성의 시각으로 여성작가들의 작품을 진지하게 읽어내고 비평했기 때문이다. 1930년대 후반 일제의 압력에 못 견디고 붓을 꺾거나, 신체제논리에 적극적으로 나서는 등 아주 혼란한 문단의 상황에서 주체적이며 일관성 있는 입장으로 여성의 해방과 민족의 해방을 염원한 것이다.

이렇듯 임순득은 여성해방을 민족해방의 긴밀한 관계 속에서 문학의 의미를 찾게 한다. 여성해방을 통해 민족해방, 그리고 인간이 갖고 있는 해방의 보편적 욕구를 식민지 시대를 살아가는 사람들의 자유의 의지와도 연결시켰다. 더 나아가 진정한 인간 해방을 통해서 여성문학의 지향점을 보다 폭넓게 모색해 볼 수 있게 했다.

우리는 그 이름 '임순득'을 우리 시대에 다시금 재조명해 봄으로써 인간이 갖고 있는 주체적인 의지의 힘을 기억해야 할 것이라 본다.

임순득 연보

1915년(출생)

1915년 2월 11일 전북고창에서 아버지 임명호, 어머니 전주 이씨 상의 2남 3녀 중 막내딸로 태어났다. 특히 둘째 오빠인 임택재와 제일 가까이 지냈던 것으로 보인다. 임택재는 식민지의 사회주의 운동에 관여하고 수차례 일제에 체포, 구금당한 끝에 일제 말에 병사한 인물이다. 임순득의 작품에는 이런 임택재의 모습이 담긴 인물이나 사건이 자주 등장한다.

1929년(15세)

4월 이화여고보에 입학한 것으로 추정(이화여고보 맹휴 사건 당시 서대문 경찰서 자료에 1931년 6월에 3학년이라고 써 있음)된다.

1930년(16세)

1월 15일, 임순득이 아직 1학년일 때 이화여고보에서는 전해 11월 3일의 광주학생운동을 이어받은 서울여학생만세운동이 일어났다. 주동자 중한 사람인 4학년의 최복순은 근우회 간부 허정숙과 의논하여 서울 시내다른 여고보 학생들과의 연합 시위를 계획, 실행에 옮겼다. 당시 최복순과 한 방에서 자취하던 학생이 2학년 조숙현인데 임순득은 조숙현과 함께다음해 이화여고보 동맹휴학의 주동자로 나서게 된다.

1931년(17세)

6월 25일, 이화여고보의 동맹휴학을 주동했다가 서대문 경찰서에 연행되어 3개월 간 치안유지법위반 혐의로 조사를 받았다. 다행히 기소유예처분을 받았으나, 이 사건으로 퇴학을 당했다. 이때 함께 했던 조숙현은일본에 유학한 뒤 간도 용정의 여학교 교사가 되었고, 나중에 임순득의 큰오빠와 결혼하여 두 사람은 올케, 시누이 관계가 되었다.

1932년(18세)

4월 경, 이화여고보에서 퇴학을 당한 뒤 동덕여고보 3학년에 편입한 것으로 보인다. 10월, 동덕여고보에서 이경선, 김영원, 박인순 등과 함께 이관술이 지도하는 독서회 활동을 했다.

1933년(19세)

1월 말, 동덕여고보 3학년 재학 중, 사상 사건에 관련되어(독서회) 이경선과 함께 종로서에 피검되었다. 이때 임순득의 오빠인 임택재도 이어서 피검되었다.

2월 20일, 당재건사건과의 관련이 드러나 동대문서로 이송되었다. 이사건으로 이관술은 학교를 그만두게 되지만 학생들은 불기소 처분되어 학교를 계속 다니게 된다.

4월, 4학년이 된 임순득은 김재선과 독서회를 조직하고 학생 자치 단체 구성을 시도한다.

7월 2일, 임순득, 김영원이 퇴학 처분을 받았다.

7월 3일, 동덕여고보생들은 임순득, 김영원의 복교를 요구하는 동맹휴교를 벌였고, 7월 4일에는 전주로 내려간다.

7월 7일, 전주경찰서의 보고에 의하면 국내에서 더 이상 학교를 다니기 어렵다는 판단 아래 9월에 일본으로 유학 갈 계획을 세우고 있었다고 한다. 이후 일본 유학을 한 것 같으나 아직 확인되지 않았다.

1936년(22세)

9-10월 경 오빠 임택재는 성북동에서 미곡상을 경영하고 있으며, 임순득은 견지동에 있는 '조선미술공예사'에서 기자로 일하고 있었다.

1937년(23세)

2월 『조선문학』에 단편소설 「일요일」로 등단하면서 여성해방문학을 주장하는 비평문을 발표하여 지식인 여성의 주체의식을 드러내기 시작했다.

6월에는 『조선일보』(1937.6.30.-7.5)에 「여류작가의 지위-특히 작가 이전에 관하여」를, 10월에는 같은 지면(1937.10.15.-10.20)에 「창작과 태도-세계관의 재건을 위하여」를 발표하여 남성중심주의 시각에서 '여류문학'으로 폄하된 여성문학을 재조명하게 된다.

1938년(24세)
1월, 『조선일보』(1938.1.28.-2.2)에 「여류작가 재인식론-여류문학선집 중에서」를 발표하여 자신보다 앞세대 여성작가들에 대한 자신만의 시각을 과감히 보여주었다.

1939년(25세)
2월 16일, 오빠 임택재가 옥살이의 후유증으로 병사한다.
4월에는 일본어로 쓴 수필 「늪에 쐐기풀에 부침」(『國民新報』1939.4.16)을, 5월에는 수필 「타부의 변」(『조선일보』, 1939.5.17)을 발표, 11월에는 「작은 페스탈로치」(『매일신보』1939.11.5)를 발표했다.

1940년(26세)
1월, 수필 「오하의 아몽」(『매일신보』, 1940.1.7)을, 9월, 「불효기에 처한 조선여류작가론」(『여성』1940.9)을 발표하였다.

1942년(28세)
10월, 창씨개명정책을 비판하는 일본어 소설 「대모」를 『문화조선』에 발표했다. 이 작품은 비록 일본어로 쓰여졌지만 일본의 식민주의에 저항하는 자세를 견지하고 있다.
12월, 일본어 소설 「가을의 선물」(1942.12)을 발표했다.

1943년(29세)
2월, 일본어 소설 「달밤의 대화」(『春秋』1943.2)를 발표하여 현실을 직시하고 행동에 옮기는 실천의식을 강조했다.

일제 말기 언젠가 시를 공부하던 장하인이란 사람과 결혼해서 해방이 될 때까지 강원도 회양군 쪽에서 살았던 것 같다. 결혼 당시 임순득의 집에서 반대가 심해 강원도로 도망가서 결혼을 하고 살았다고 한다. 그런데 호적상으로는 1950년까지도 혼인신고는 되어 있지 않다.

1945년(31세)

해방 후 원산 지역에 살면서 여학교 교사를 하고 문학 단체에서도 활동했다.

1947년(33세)

이해 말쯤 평양으로 이사. 평양에서 조선부녀총동맹의 기관지인 『조선녀성』사에서 일하면서, 10월, 수필 「10월 밤 이야기」(『조선녀성』1947.10)를, 12월, 소설 「솔밭집」(『조선문학』1947. 12)을 발표했다.

1948년(34세)

1월, 수필 「그날 12월 5일」(『조선녀성』1948.1)을 발표했다.

1949년(35세)

2월, 소설 「눈 오는 날」(『조선녀성』1949.2)을 발표했고, 8월, 강경애의 소설 『인간문제』가 노동신문사에서 단행본으로 출판된 것을 기념하여 평론 「인간문제를 읽고-간단한 약력 소개를 겸하여」(『문학예술』2~8, 1949.8) 발표했다.

10월, 수필 「강반(江畔)에서」(『문학예술』2~10, 1949.10)를 발표했고, 12월, 소설 「딸과 어머니와」(『문학예술』2~12, 1949.12)를 발표하여 제도적 변화에도 여전히 의식의 개혁이 쉽지 않은 현실을 강력하게 짚어 냈다.

1950년(36세)

1월, 수필 「처음 글 쓰는 분을 위하여」, 「애국 녀성들의 군상을 그리고 싶다」(『조선녀성』, 1950.12) 발표했다.

2월, 「먼저 온 병사」(『조선녀성』, 1950, 2) 발표했다.

3월, 수필 「녀성과 절약」(『조선녀성』, 1950.3) 발표했다.

4월, 수필 「녀성과 근로」(『조선녀성』, 1950.4) 발표했다.

5월, 수필 「녀성과 미화」(『조선녀성』, 1950.5) 발표했다.

이러한 작품 발표로 볼 때, 당시 임순득은 사회주의 여성 사상을 깊숙이 받아들였다는 것이 잘 드러나며, 그것을 소설보다는 수필을 통해서 과감하게 드러내는 특성을 보인다. 이것은 당시 여성들이 수필을 자주 읽는 사회적 분위기를 적절하게 활용한 임순득만의 사회문화적 글쓰기의 시작이며 접근이다.

8월, 꽁트 「모녀의 상봉」(『순간 문화전선』, 1950.8.12)을, 소설 「녀빨찌산의 수기-인민군대 전사인 아들을 위하여」(『조선녀성』, 1950.8)를 발표했다. 이 작품은 어머니가 딸의 죽음으로 인해 전사로 새로이 태어나면서 아들에게도 훌륭한 전사가 되라는 임순득다운 면모를 잘 보여준다.

1951년(37세)

3월, 정론 「영웅적 조선 녀성들-3 · 8 국제부녀절을 맞으며」(『로동신문』, 1951.3.8)를 발표했다.

6월, 소설 「조옥희」(『문학예술』, 1951.6)를 발표했다. 이것은 전쟁 영웅 조옥희의 실화를 소설 형식으로 풀어낸 최초의 작품이다.

1954년(40세)

10월, 오체르크 「수고하였습니다!-떠나는 중국인민지원군들에게」(『조선문학』1954.10)를 발표했다.

1955년(41세)

8월, 소련과 북한의 관계를 주제로 한 작품들을 모은 작품집 『잊을 수 없는 사람들-조쏘친선작품집』을 조선녀성사에서 출간했다.

1957년(43세)

2월, 오체르크 「따뜻한 손길 속에서」(『조선문학』1957.2)를 발표했고, 3월, 정론 「잊지 말자!」(『문학신문』1957.3.7)를, 6월, 소설 「어느 한 유가족의 이야기」(『조선문학』1957.6)를 발표했다.

이후 소련판 숙청 사건(8월 종파사건)에 휘말린 것 같고 이후의 행적에 관해서는 알려지지 않고 있다.

작품 연보

(이 목록은 이상경의 임순득 평전 『임순득, 대안적 여성 주체를 향하여』
개정판에서 발췌하여 정리한 것임)

1. 해방 전

1937. 2	조선문학	일요일(소설)
1937. 6.30~7.5	조선일보	여류작가의 지위—특히 작가 이전 (以前)에 대하여(평론)
1937. 10.15~20	조선일보	창작과 태도—세계관의 재건을 위하 여(평론)
1938. 1.28~2.2	조선일보	여류작가 재인식론—여류문학선집 중에서(평론)
1939. 4.16	국민신보	늪의 쐐기풀에 부침(수필)
1939. 5.17	조선일보	타부의 변(수필)
1939. 11.5	매일신보	작은 페스탈로치(수필)
1940. 1.7	매일신보	오하(奧下)의 아몽(阿蒙)(수필)
1940. 9	여성	불효기에 처한 조선여류작가론(평론)
1942. 10	문화조선	대모(소설)
1942. 12	매일사진순보	가을의 선물(소설)
1943. 2	춘추	달밤의 대화(소설)

2. 해방 후

1947. 9*	잊을 수 없는 사람들	들국화(소설)
1947. 10	조선 녀성	10월 밤 이야기(수필)
1948. 1*	잊을 수 없는 사람들	기우(소설)
1948. 1*	조선녀성	그날 12월 5일(수필)
1948. 3*	잊을 수 없는 사람들	손풍금(소설)
1948. 4*	잊을 수 없는 사람들	4월의 축가(소설)
1948. 12*	잊을 수 없는 사람들	우정(소설)
1948. 12*	잊을 수 없는 사람들	누나(소설)
1949. 2	조선녀성	눈 오는 날(소설)
1949. 8	문학예술	『인간문제』를 읽고—간단한 약력 소개를 겸하여(평론)
1949. 10	문학예술	강반에서(수필)
1949. 10	조선녀성	녀성과 독서(수필)
1949. 12	조선문학	솔밭집(소설)
1949. 12	문학예술	딸과 어머니와(소설)
1950. 1	조선녀성	처음 글을 쓰는 분들을 위하여(수필)
1950. 1	조선녀성	애국 녀성들의 군상을 그리고 싶다 (수필)
1950. 2	조선녀성	먼저 온 병사(소설)
1950. 3	조선녀성	녀성과 절약(수필)
1950. 4	조선녀성	녀성과 근로(수필)
1950. 5	조선녀성	녀성과 미화(수필)
1950. 8.12	순간 문화전선	모녀의 상봉(꽁트)

1950. 8	조선녀성	녀빨찌산의 수기—인민군대 전사인 아들을 위하여(소설)
1950. 3.8	로동신문	영웅적 조선 녀성들—3·8 국제부녀절을 맞으며(평론)
1951. 8	잊을 수 없는 사람들	한 쌍의 사과나무(소설)
1952. 4*	잊을 수 없는 사람들	한 장의 전보문(소설)
1953. 7*	잊을 수 없는 사람들	그 이튿날(수필)
1954. 10	조선문학	수고하였습니다!—떠나는 중국인민지원군들에게(오체르크)
1955. 2*	잊을 수 없는 사람들	해방의 기치(수필)
1955. 3*	잊을 수 없는 사람들	안또노브 아저씨와 연희(소설)
1955. 3*	잊을 수 없는 사람들	평화의 명절(소설)
1957. 7*	잊을 수 없는 사람들	안도리호(소설)
1955. 8	조선녀성사	잊을 수 없는 사람들—조쏘친선작품집(작품집)
1957. 2	조선문학	따뜻한 손길 속에서(오체르크)
1957. 2	문학신문	잊지 말자!(정론)
1957. 6	조선문학	어느 한 유가족의 이야기(소설)
1961. 6	문학예술	조옥희(소설)

* 표시는 작품집 『잊을 수 없는 사람들』에 기록된 창작 시기로 발표 시기와 지면은 확인하지 못했다.

　『조선녀성』, 『조쏘문화』, 『조쏘친선』 같은 잡지에 임순득의 글이 더 있을 것으로 추정되나 아직까지는 다 확인하지 못했다.

미주

1) 그나마 임순득에 관한 연구로는 백철 "여류평론가로서 치밀한 분석력을 보였다"(백철, 『신문학사조사』, 백양당, 1949)라는 높은 평가와 잡지 『여성』의 편집후기에 "침체기에 빠진 우리 여류문단을 통절히 논하야 마지안는 여류평론가 임순득 씨의 조선여류작가론이 빛납니다."(『女性』, 조선일보사, 1940. 9)라는 부분 정도이다. 이 외에 김문집의 평문(「성생리의 예술론」, 『문장』, 1939. 10)과 신지연의 이구영 회고집(『산정에 배를 매고-노촌 이구영 선생의 살아온 이야기』, 개마서원, 1995), 그리고 전숙희 전집(「우정과 배신」, 『전숙희 전집』1, 동서문학사, 1999) 등에서 임순득의 관한 자료를 찾아볼 수 있다.

2) 김경일, 『여성의 근대, 근대의 여성』, 푸른역사, 2004 ; 김은실, 「민족 담론과 여성」, 『여성과 사회』, 한국여성연구소, 1994.

3) 이 잡지는 단순히 읽을거리가 아니라 1920년대 소년운동의 중요한 매체로서 많은 소년세대들에게 영향을 미쳤다. 그래서 일제는 이 잡지에 대해 사소한 것까지 삭제하거나 압수를 하는 등 매우 엄격한 검열을 했다. 이것은 「언문 소년소녀를 대상으로 하는 출판물 경향」이라는 글에서 민족적 의식을 환기시키는 기사에 대한 검열을 실시한 사례가 잘 나타나고 있다(이상경, 「『조선출판경찰월보』에 나타난 문학작품 검열 양상 연구」, 『근대문학연구』, 근대문학회, 2008).

4) 이화여고 시절의 모습은 같은 반 친구였던 수필가 전숙희의 회상에서 잘 나타난다. 임순득은 'Y'로 지칭되고 있으며, '열렬한 독서가이자 능변가'로서 당시 학생운동에 주도적인 역할을 했다고 한다(전숙희, 「우정과 배신」, 『문학, 그 고뇌와 기쁨』, 동서문학사, 1999, 137~140쪽 참조).

5) 리타 펠스키, 김영찬 · 심진경 역, 『근대성과 페미니즘』, 거름, 1998.

6) 임순득, 「일요일」, 『조선문학』, 조선문학사, 1937. 2, 85쪽.

7) 순동은 4학년을 중퇴하고 가난한 부모의 농사일을 함께 하는 등 집안

의 생활을 돕고 있으나 공부를 매우 하고 싶어 한다. 하지만 가난한 생활에서는 도저히 엄두를 낼 수 없어 밤에는 낡은 교과서를 들고 순희의 집에 와서 공부를 하고 있다.

8) 임순득, 「달밤의 대화」,『조선문학』, 조선문학사, 1937. 2, 277쪽.

9) 정운현 편역,『창씨개명』, 학민사, 1994, 참조.

10) '파란 가을 하늘'에 대한 이미지는 임순득의 다른 소설 「일요일」, 「가을의 선물」 등에도 자주 등장을 한다. 이것은 여성의 감상주의적 면모를 보이는 것 같지만, 암울한 일제의 식민지 상황에서 희망을 잃지 않으려는 여성들의 심리를 대변하는 것으로 봐도 무리는 없다. 또한 이것은 어린 시절 자주 접한『어린이』잡지의 영향으로 형성된 임순득의 순수한 정서의 한 예이며, 「달밤의 대화」 등에서 등장하는 '순동'의 순수하고 성실한 삶의 태도와도 연결해 볼 수 있다고 하겠다.

11) 임순득,『조선문학』, 조선문학사, 1937. 2, 254-255쪽.

12) 임순득, 「여류작가의 지위-특히 작가 이전에 대하여」,『조선일보』, 조선일보사, 1937. 6. 30-7. 4.

13) 김문집은 「성(性) 생리의 예술」(『문장』, 1939. 10)과 「여류작가의 성적 귀환론」(『비평문학』, 국학자료원, 2002)에서 사소한 것들에 관심을 국한하는 여성작가의 좁은 시야를 지적했다. "전통에 의하여 전하여진 부인의 생활, 운명, 감정, 성격, 심리와 어느 신앙과 상상의 양식, 도덕 사물을 대하는 특정한 방법 및 사유의 방법을 취재하는 것이 부인작가가 택해야 할 제재"라고 했다.

14) 안함광은 "여류문사를 기자층이나 문사와의 유기적 관계에서만 구할 것이 아니라 그 문호를 넓히 개방할 필요가 있다"라고 했다. 당시 잡지와 신문의 기자직은 '여류문인'의 등장에 매우 결정적인 역할을 했다. 하지만 '여류작가'가 되는 것은 남성작가와의 '유기적' '정실관계'를 통해서만 가능한 경우가 많아 안함광은 '여류작가'가 남성작가에 기대어 형성될 수 있는 매우 자의적이고 허구적인 것이라는 지적을 했다.

15) 이 '여류'라는 용어는 1926년 전후로 여자(女子)라는 용어를 대체한

것이다. 30년 대에는 '여류문인', '여류작가'라는 용어로 여성작가로
지칭하는 하는 것이 일반화 되었다. 하지만 이 용어는 일본어의 차용
에서 시작된 것이다(홍구, 「여류작가의 군상」, 『삼천리』, 1933. 1 ; 이무
영, 「여류작가개설」, 『신가정』, 1934. 2).

16) 임순득, 「여류작가 재인식론」, 『조선일보』, 조선일보사, 1938. 1. 28-2. 2.

17) 강경애에 대해서는 이후에도 「'인간문제'를 읽고」에서 다시 한 번 언
급을 한다. 임순득은 이 평문에서 강경애를 "조선 문학계에서 드물게
보는 녀성작가로서 특별히 귀중한 존재"라고 극찬을 했다. '인간문
제'가 사회와 인민을 위하여 중요한 의의를 가진 사상의 표현 형식으
로서 새로운 민주주의 문학예술 창건에 있어 중요한 유산이라는 것이
다(「'인간문제'를 읽고」, 『문학예술』2-8, 문학예술사, 1949. 8).

18) 임순득, 「늪의 쐐기풀에 부침」, 『국민신보』, 1939. 4

19) 위의 글.

20) 이상경, 「『조선출판경찰월보』에 나타난 문학작품 검열 양상 연구」,
『근대문학연구』, 근대문학회, 2008, 249쪽.

21) 강경애의 『인간문제』는 1934년 『동아일보』에 연재되었으나 단행본으
로 출간되지 못해서 제대로 된 평가를 받지 못했다. 작품이 연재되던
당시 카프가 해산되고 맹원들도 검거된 상황이라 이 작품을 제대로
읽어 낼 수 없는 상황이었다. 임순득 역시도 해방 전에는 이 작품을 읽
지 못했으며, 해방 후 이 작품을 읽으면서 본격적으로 강경애에 대한
평론을 쓰기 시작했다.

22) 김경일, 『여성의 근대, 근대의 여성』, 푸른역사, 2004 ; 김은실, 「민족
담론과 여성」, 『여성과 사회』, 한국여성연구소, 1994.

23) 당시 조선의 언론 매체를 분석해 볼 때, 전시 여성의 역할은 크게 세
가지로 강조되었다. 황국 신민의 가정교육을 담당하고 튼튼한 장병으
로 길러 나라에 바치는 어머니로서의 역할, 전시의 가정생활을 이끌
고 후방 활동에 힘쓰는 주부로서의 역할, 남성 노동력을 보충하여 생
산 활동에 기여하는 생산자로서의 역할이다(안태윤, 『식민지 정치와
모성』, 한국학술정보, 2006, 19쪽 참조).

24) 찰스 암스트롱, 『북조선 탄생』, 김연철 · 이정우 역, 서해문집, 2005, 155쪽.

25) 피터지마는 문학은 의미론적 · 거시 통사론적 구조들의 상호작용이라고 정의한다. 이것은 사회를 다양한 텍스트들에 의해 이루어진 모순적인 총체로 파악하는 것이며, 사회는 이런 의미에서 문학 생산 활동의 모체가 된다는 것이다. 따라서 사회는 문학이 창조될 수 있는 근원을 제시하는 장소이며 사회구조와 상황은 문학의 토대가 될 수 있다(피터 지마, 김태환 역, 『비판적 문학이론과 미학』, 문학과지성사, 2000, 97-100쪽).

26) 강숙자, 「민족 공동체 여성이론을 위한 시론」, 『여성 : 역사와 한계』, 국학자료원, 2004 참조.

27) 벨 훅스, 박정애 역, 『행복한 페미니즘』, 백년글사랑, 2002, 참조.

28) 임순득, 「딸과 어머니와」, 『문학예술』, 문학예술사, 1949. 12, 160-161쪽.

29) 임순득, 「솔밭집」, 『조선문학』, 조선문학사, 1947. 12, 11쪽.

30) 김재용, 「북한의 여성문학」, 『한국문학연구』, 한국문학연구학회, 1999, 156쪽.

31) 임순득, 「어느 유가족의 이야기」, 『조선문학』, 조선문학사, 1957. 6, 36-37쪽.

32) 일제가 조선에서 시행한 여성 교육의 목표를 보면, '부덕의 함양'을 기본하면서 때로는 경조부화한 풍조를 막거나 국민으로서의 자질을 기른다든지, 충량지순한 황국신민으로 기른다든지 하는 교육을 실시하였다. 이러한 교육 방침은 전쟁이 지속되면서 '총동원'이 필요할 때 그 모순을 드러내기도 했다. 부덕(婦德)을 닦는 현모양처주의란 가족주의의 테두리를 넘어서지 않았기 때문이다. 전근대 시기의 가문을 대체하는 공동체로서 국민주의자들은 '국가'든 '민족'이든 피식민지인에게는 적용될 수 없었다.

33) 이재유는 일본의 식민 지배를 반대하고 식민지 민중 해방을 지향하는 대중운동의 선도적 역할을 한 사람이다. '당대 최고의 혁명가', '1930년대 좌익운동의 신화'라고 불려지면서 민족문제를 운동의 중심에 두

어 사고 행동했던 운동자였다. 즉, 그는 혁명적이었던 만큼 민족적이었고 민족적이었던 만큼 민중적이었다(김경일, 『이재유, 나의 시대 나의 혁명』, 푸른역사, 2007).

34) 임순득의 남편 '장하인'은 소심하고 내성적인 성격으로 교직에서 쫓겨났고, 미결감에서 독일어 사전을 외우는 등 3-4개의 국어를 익힌 학구적인 사람이다. 이러한 모습은 이 작품에서 주인공의 남편 '세익'의 직업, 직장을 잃은 이유, 그리고 해방 이후의 행동과 거의 유사하다. 또한 주인공 '화숙'이 유복한 집안에서 아무런 어려움 없이 자랐고 문학을 공부했으며, 죽은 오빠의 추도식을 위해 친정에 가는 길에 소련군 장교와 친분을 가지게 되는 모습 등에서는 임순득의 실제 모습이 그대로 드러난다.

35) 이것은 콜론타이가 설정한 '신여성'의 이상에 가깝게 여성이 개조되는 과정을 그린 것이다. 콜론타이는 여성의 종속심리를 파괴하고 '지적인 질을 소유한 노동자'로서의 여성을 지향한다(콜론타이, 신윤선 역, 『연애와 신도덕』, 신학사, 1947). 즉, '신여성'은 교육을 통한 여성의 자각과 여성의 공적 영역에의 참여가 동시에 이루어지면서 새롭게 형성된 근대의 산물이다.

36) 임순득, 「우정」, 『조선문학』, 조선문학사, 1937. 2, 298쪽.

37) 임순득, 『조선문학』, 조선문학사, 1937. 2, 319-320쪽.

38) 이것은 북한 사회에서 새롭게 전개된 여성의 변화된 삶의 조건으로 인한 모순점을 나타낸 것이다. 이러한 북한 여성의 주체 세우기는 노동자-어머니 모델이 강화되기 이전의 북한문학의 주요 경향이 되었다(이상경, 「임순득, 혹은 여성문학사의 재구성」, 『한국근대여성문학사론』, 소명, 2002 참조).

39) 임순득, 「창작과 태도-세계관의 재건을 위하여」, 『조선일보』, 조선일보사, 1937. 10. 15.

40) 이를 위해 임순득은 작가입문의 첫째 조건으로서 역사적·사회적 책임을 인식하는 데 있다고 한다. 인간은 순수한 자연으로써 존재할 수가 없고, 역사적이고 사회적으로만 존재할 수가 있다. 그러므로 인간

에 대한 사색은 역사를 통해서, 역사 그것의 정당한 이해를 통해서만 완성되어진다는 것이다. 따라서 작가는 산업사회 속에서의 하나의 직업이어서는 안 되며, 문학이라는 고귀한 일생의 사업에 있어서 주체적으로 파악되어져야 하므로 역사를 외면할 수는 없다고 강조한다(임순득, 위의 글, 참조).

참고문헌

1. 자료

임순득, 〈여류작가의 지위〉, ≪조선일보≫, 조선일보사, 1937. 6. 30-7. 4.

_____, 〈창작과 태도〉, ≪조선일보≫, 조선일보사, 1937. 10. 15-20.

_____, 〈일요일〉, ≪조선문학≫, 조선문학사. 1937. 2.

_____, 〈여류작가재인식론〉, ≪조선일보≫, 조선일보사, 1938. 1. 28-2. 2.

_____, 〈불효기에 처한 조선여류작가론〉, ≪여성≫, 조선일보사, 1940. 9.

_____, 〈솔밭집〉, ≪조선문학≫, 조선문학사, 1947. 12.

_____, 〈딸과 어머니와〉, ≪문학예술≫, 문학예술사, 1949. 12.

_____, 〈어느 유가족의 이야기〉, ≪조선문학≫, 조선문학사, 1957. 6.

_____, 〈가을의 선물〉, 〈대모〉, 〈달밤의 대화〉, 〈우정〉, 이상경, ≪임순
득, 대안적 여성 주체를 향하여≫, 소명, 2009 재인용.

2. 논문 및 단행본

강숙자, 『한국여성해방이론』, 지식산업사, 2005.

김경일, 『여성의 근대, 근대의 여성』, 푸른 역사, 2004.

김동환, 『한국소설의 내적형식』, 태학사, 1996.

김미현, 『한국여성소설과 페미니즘』, 신구문화사, 1996.

김연숙, 「사회주의 사상의 수용과 여성작가의 정체성」, 『어문연구』, 한국
어문교육연구회, 2005.

김영혜 외, 「여성문학론 정립을 위한 시론」, 『여성운동과 문학』, 실천문학
사, 1988.

김인경, 「이선희 소설에 나타난 모더니즘적 특성 연구」, 『구보학보』, 구보
학회, 2007.

_____, 「주체의 확립과정과 여성문학의 지향점-임순득 론」, 『현대문학의 연구』, 한국문학연구학회, 2010.

_____, 「이선희 소설에 나타난 식민지 근대의 이중성 연구」, 『한국문예비평연구』, 한국현대문예비평학회, 2011.

김재경, 「북한문학의 재발견」, 『실천문학』, 실천문학사, 1997. 가을.

_____, 「북한의 여성문학」, 『분단구조와 북한문학』, 소명, 2000.

김지해, 『민족해방 여성운동』, 동녘, 1987.

김현숙, 「페미니즘이 한국 여성문학에 끼친 영향」, 『여성학논집』, 한국여성연구원, 2000.

미즈노 나오키, 정선태 역, 『창씨개명 : 일본의 조선지배와 이름의 정치학』, 산처럼, 2008.

민족문학사연구소, 『제도로서의 한국 근대문학과 탈식민성』, 소명, 2008.

문옥표 외, 『신여성』, 청년사, 2003.

서정자, 『한국근대여성소설 연구』, 국학자료원, 1999.

서정자, 「최초의 여성문학평론가 임순득론」, 『청파문학』 16집, 1996. 2.

신영숙, 「일제하 한국여성사회사 연구」, 이화여대박사학위논문, 1989.

심진경, 「문단 '여류'와 '여류문단'」, 『한국 여성문학 연구의 현황과 전망』, 소명, 2008.

송지연, 『페미니즘비평과 한국소설』, 국학자료원 1996.

여성한국사회연구소 편, 『북한 여성들의 삶과 꿈』, 사회문화연구소 출판부, 2001. 우에노 치즈코, 이선이 역, 『내셔널리즘과 젠더』, 박종철출판사, 1999.

이상경, 『한국근대여성문학사론』, 소명출판, 2002.

_____, 「1930년대 후반 여성문학사의 재구성」, 『페미니즘 연구』, 한국여성연구소, 2002.

_____, 「임순득의 소설 「대모(代母)」와 일제 말기의 여성 문학」, 『여성문학연구』, 한국여성문학학회, 2002.

_____, 「식민지에서의 여성과 민족의 문제」, 『실천문학』, 실천문학사, 2003. 봄.

_____, 「30년대 신여성과 여성작가의 계보연구」, 『여성문학연구』, 한국 여성문학학회, 2004.

_____, 『임순득, 대안적 여성 주체를 향하여』, 소명, 2009.

이정숙, 『한국현대소설연구』, 깊은샘, 1999.

이평전, 「신여성의 식민 체험과 자전적 소설 연구」, 『한국어문학연구』, 한 국어문학연구학회, 2004.

정순진, 『한국문학과 여성주의 비평』, 국학자료원, 1993.

정운현 편역, 『창씨개명』, 학민사, 1994.

주디스 로버, 최은정 역, 『젠더 불평등 : 페미니즘 이론과 정책』, 일신사, 2005.

주디스 버틀러, 조현준 역, 『젠더 트러블 : 페미니즘과 정체성의 전복』, 문 학동네, 2008.

이영미, 「사회주의 여성성의 역사적 계승과 문화 이데올로기」, 『한국문학 이론과 비평』, 한국문학이론과 비평학회, 2008.

이정옥, 『열린 사회 자율적 여성』, 평민사, 1986.

이선옥, 「평등에의 유혹 : 여성 지식인과 친일의 내적 논리」, 『실천문학』, 실천문학사, 2002. 가을.

최혜실, 『신여성들은 무엇을 꿈꾸었는가』, 생각의 나무, 2000.

태혜숙, 『탈식민주의와 페미니즘』, 여이연, 2001.

_____ 외, 『한국의 식민지 근대와 여성 공간』, 여이연, 2004.

한국여성소설연구회 편, 『페미니즘과 소설비평』, 한길사, 1995.

한국여성연구회, 『한국여성사』, 풀빛, 1993.

_____, 『여성해방문학의 논리』, 창작과 비평사, 1990.

북페리타 인물평전 총서 006

여성해방·민족해방의 목소리, 임순득

발행일 2016년 5월 13일
저자 김인경
펴낸이 이정수
기획 신현규
책임 편집 최민서·신지항
펴낸곳 (주)북페리타
등록 315-2013-000034호
주소 서울시 강서구 양천로 551-24 한화비즈메트로 2차 807호
대표전화 02-332-3923
팩시밀리 02-332-3928
이메일 editor@bookpelita.com
값 5,000원
ISBN 979-11-86355-03-9 (04080)
　　　979-11-950821-0-0 (세트)

「이 도서의 국립중앙도서관 출판예정도서목록(CIP)은 서지정보유통지원시스템 홈페이지
(http://seoji.nl.go.kr)와 국가자료공동목록시스템(http://www.nl.go.kr/kolisnet)에서 이용하실 수
있습니다.(CIP제어번호: CIP2016007243)」